# Betrachtung? Selbstbeobachtung? Selbstanalyse?

## Die Botschaften aus dem persönlichen Kommunikationsnetz

*Gabriele*



Gabriele-Verlag
Das Wort

Gabriele-Verlag Das Wort GmbH
Max-Braun-Str. 2, 97828 Marktheidenfeld
Tel. 09391/504-135, Fax 09391/504-133
info@gabriele-verlag.de



Druck: KlarDruck GmbH, Marktheidenfeld

Umschlagfoto: @ nmelnychuk/fotolia.com.

ISBN 978-3-89201-392-1

## Zum Geleit

Wer bin ich? Warum bin ich so, wie ich bin? Was bestimmt mein Denken und mein Verhalten?

Die Antworten auf diese Fragen finden wir Menschen in uns selbst. In diesem Büchlein schenkt uns Gabriele, die Prophetin und Botschafterin Gottes in unserer Zeit, Einblicke in die geistig-göttlichen Zusammenhänge und zeigt den Weg auf, wie jeder Mensch über die Betrachtung, Selbstbeobachtung und Analyse zu sich selbst finden kann: zu den Botschaften in seinem persönlichen Kommunikationsnetz.

*Gabriele-Verlag Das Wort*

## Betrachtung? Selbstbeobachtung? Selbstanalyse?

### Die Botschaften aus dem persönlichen Kommunikationsnetz

Mit dem allumfassenden kosmischen All-Gesetz des Lebens steht der unbelastete Wesenskern in jeder Seele in Kommunikation.
Das kosmische All-Gesetz ist die Einheit, das reine Sein, auch Licht-Äther genannt. Das Fallgesetz hingegen, von dem immer wieder die Rede ist, wird auch das Kausalgesetz genannt, das vom kosmischen All-Gesetz, dem Licht-Äther, getragen und durchströmt wird. Im ganzen All gibt es nichts, das ohne die Kraft und Liebe Gottes existieren kann, denn Gott ist Liebe.

Auch im Kausalgesetz wirkt das All-Gesetz, der Licht-Äther, die Gottes- und Nächstenliebe.

Alles beruht auf Kommunikation, sowohl im reinen Sein als auch im Kausalgesetz. Alle reinen Wesen und göttlichen Formen sind komprimiertes All-Gesetz, komprimierter Licht-Äther. Weil das so ist, stehen sie unablässig in Kommunikation mit dem Licht-Äther, dem All-Gesetz, dem Ewigen Sein.

Menschen mit ihren Gegensätzlichkeiten, dem Unreinen, das sich auf mannigfache Art und Weise gegen das Leben, gegen das kosmische All-Gesetz richtet, haben ihre Kommunikationsfelder im Kausalgesetz. Das entspricht jeweils den persönlichen Eingaben des Einzelnen.

Alles, aber auch alles beruht auf Senden und Empfangen. Auch die Natur, jeder Baum, der Strauch, die Blume, das Mineral haben ihr entsprechendes Schöpfungskollektiv und kommunizieren untereinander je nach Bewusstseinsstand innerhalb des reinen Seins, dem Licht-Äther.

Jedes Tier, die kleinste, für uns Menschen oftmals unsichtbare Mikrobe, jeder Käfer – alles, was sich im, auf und über dem Erdreich bewegt, auch in den Meeren, Flüssen und Seen – hat sein Dasein im allumfassenden Kommunikationsnetz, dem Licht-Äther, das das Absolute Gesetz ist.

Weil keine Energie verloren geht, steht auch jeder Mensch mit den Inhalten seiner Gefühle, Empfindungen, Gedanken, Worte und Handlungen in ständiger

Kommunikation, mit seinen persönlichen Eingaben im materiellen Kosmos und in den Kosmen der Reinigungsebenen, und somit auch mit gleichartigen Kräften.

Das heißt also, jeder Mensch sendet unermüdlich und empfängt entsprechend seinem Sendepotential.

Sowohl im ewig reinen Sein als auch im Gesetz von Ursache und Wirkung beruht alles auf Senden und Empfangen. Das Gesetz von Ursache und Wirkung, auch Kausalgesetz genannt, entstand durch die gegensätzlichen Verhaltensweisen der Menschen aller Generationen.

Das Kausalgesetz kann man auch als das kausale kosmische Internet bezeichnen, in dem alle gegensätzlichen Inhalte persönlicher Gefühle, Empfindungen, Gedanken, Worte und Handlungen aufgezeichnet sind und werden. Das heißt also: Die gegensätzlichen Verhaltensweisen von jedem Menschen sind detailliert gespeichert und senden unermüdlich. Jeder Mensch empfängt aus seiner Speicherquelle.

Das Positive des Menschen steht in Kommunikation mit gleichen Schwingungen im kosmischen All-Gesetz der ewigen Liebe und Freiheit, das Negative mit gleichen Schwingungen im Kausalgesetz.

Das Gesetz der Kommunikation lautet: Gleiches Sendepotential steht mit Gleichem in Kommunikation.
Infolgedessen ist auch jeder Mensch von seinem eigenen Sendevolumen geprägt.

Wie gesagt: Jeder Mensch steht unablässig mit seinen eigenen Eingaben in Kommunikation und eventuell mit gleichen Frequenzen anderer Menschen.
Kommuniziert der Mensch mit gleichschwingenden Energiefeldern, die seinem Sendevolumen entsprechen, dann ist es möglich, dass Aufsetzer, also Seelen, die dasselbe Frequenzvolumen haben, über ihn Botschaften geben und so mit dem Betroffenen kommunizieren. Auf diese Weise kommt es zur Beeinflussung oder gar zur Besetzung des Menschen.
In der Regel sind diese Gefahren den meisten Menschen nicht bewusst.
Diese Darlegungen beziehen sich ausschließlich auf die Kausalität, also Abläufe im Kausalgesetz, im Gesetz von Ursache und Wirkung.

Den meisten Menschen sind diese Zusammenhänge nicht bewusst – dass jeder Mensch und auch die Seelen der Verstorbenen in einem Kommunikationsnetz unvorstellbaren Ausmaßes leben. Das heißt also, dass jeder Mensch und jede Seele unablässig mit diesem, seinem energetischen Feld in Kommunikation steht.

Ein Merksatz:
Nicht der Oberbegriff eines Gefühls oder eines Gedankens, eines Wortes oder einer Handlungsweise wird von dem kausalen Internet gespeichert, sondern der jeweilige Inhalt der Verhaltensmuster.

Sogenannte Aufsetzer – es sind Seelen, die auf der Lauer liegen, um in die kausalen Kommunikationen eines anderen einzudringen – sind nicht selten.
Aufsetzer, also erdgebundene Seelen, schleichen sich in die Aura eines Menschen ein und versuchen, den Betroffenen in andere kausale Kommunikationsnetze einzuschleusen.

Über allem leuchtet und strahlt der absolute Licht-Äther, das All-Gesetz der Gottes- und Nächstenliebe.
Im Licht-Äther, dem reinen Kommunikationsgesetz, lebt alles, was rein ist, auch die vom Schöpfergott geschaffenen Schöpfungswesen, wie die Grundlebenssubstanz der Tiere, der Natur, das Mineral, der gesamte Planet Erde.

Der Mensch erlangt Kontakt und Kommunikation zum All-Gesetz, dem Licht-Äther, einzig dadurch, indem er sich an die Auszüge aus dem allumfassenden ewigen Gesetz hält, die Gott, der Ewige, den Menschen gab, und Jesus von Nazareth in Seinen Lehren und in Seiner Bergpredigt. Hält der Mensch sich nicht daran, dann kommuniziert er im Sumpf von Saat und Ernte, im Kausalgesetz.

Die meisten Menschen merken es kaum oder gar nicht, dass sie mit den Inhalten ihrer Gefühle, Empfindungen, Gedanken, Worte und Taten, gleich Handlungen, Tag für Tag, stündlich, ja minütlich, gegen das Leben, gegen das All-Gesetz, das Gesetz der Schöpfung des ewigen Schöpfers, verstoßen.

Der Mensch im Kausalgesetz, im Gesetz von Ursache und Wirkung, nimmt sich unter anderem das Recht heraus, auf das Leben anderer einzuwirken, es zu zerstören und hinzumorden, auch das der Tier- und Pflanzenwelt.

Wer in den Geboten Gottes und in den Lehren des Jesus von Nazareth Gottes Weisungen nicht hält, ist mehr oder weniger gegen Gott und kann Gott, das All-Gesetz des Lebens, den Licht-Äther, nicht erreichen.

Der Mensch in seinen Trugbildern lässt Menschen töten oder tötet selbst, je nach seinem Trugbild. Er lässt es zu, dass Kriegsmaterial hergestellt wird, mit dem Menschen Menschen töten, Tiere töten und die Natur zerstören.

Atem ist Leben!
Fragen wir uns: Welcher Mensch kann seinen Mitmenschen den Atem geben? Welcher Mensch kann einem Tier den Atem geben?
Welcher Mensch kann die Natur in ihrer Vielfalt schaffen?
Der Mensch nimmt von allem nur den entsprechenden Lebenskeim, um damit zu forschen, herumzuprobieren, ob er nicht doch den Schöpfer des Lebens ausschalten kann.
Das alles hat mit Gott und christlichen Werten nichts, aber auch gar nichts zu tun.
Im Kausalgesetz von Ursache und Wirkung, in dem unzählige Menschen ihr Dasein fristen, werden – ohne zu fragen: Wer kann einem Tier den Atem geben? – mutwillig Tiere getötet.

Oder: Wer hat den Menschen erlaubt, Tiere als „Nutztiere“ gleich „Schlachttiere“ zu halten?
Oder: Wer hat den Menschen erlaubt, künstliche Befruchtungen vorzunehmen, um Schlachtopfer zu schaffen?

Die Kausalbewohner der Erde, die Menschen, verspeisen das Fleisch ihrer Mitgeschöpfe. Sie fischen die Meere leer, jagen die Tiere in Wald und Flur, führen grausame Tierversuche durch und knechten und töten Tiere, um ihre Pelze zu ergattern.

Weiter geht es im Pfuhl dieser Welt. Sie schlagen die Bäume, die im Saft stehen, und plündern den Erdplaneten aus. Wohin man auch blickt – es geht zumeist um den Gewinn für das Ego, um Geld und Güter. Alles zum Nutzen des habgierigen Menschen und seines Besitztums. Der Kausalbewohner dieser Erde denkt an Geld, Geld, Besitz, Besitz, Vermögen, Vermögen, Kapital, Kapital, usw.

Am Ende seines Erdenlebens ist die Seele an Ketten gebunden und somit an das Kausalnetz und wird vielfach zum Aufsitzer des Menschen, der dieselben Anlagen hat wie die Seele.
So und ähnlich geht es in dieser Welt, im Kausalgesetz weiter, bis die Mutter Erde nicht mehr tragfähig ist. Was dann?

Was kann der Einzelne für sich tun? Jeder Mensch ist selbst verantwortlich für sein Denken und Leben. Jeder entscheidet frei, ob er sich dem All-Gesetz der Liebe und des Lebens zuwenden möchte, indem er schrittweise die Zehn Gebote Gottes und die Lehren des Jesus von Nazareth erfüllt, oder in seinem Kausalnetz sein Erdendasein fristet. Jeder entscheidet also selbst.

Durch Selbstbetrachtung und Selbstanalyse kann jeder von uns in Erfahrung bringen, wer er wirklich ist.

**Jeglicher Selbstfindung
und Selbstanalyse
geht die Betrachtung voraus.**

Betrachtung:
Man muss nicht alles hinnehmen, man kann es auch ausprobieren. Zum Beispiel stehen Sie vor einem ansehnlichen Baum.
Versuchen Sie, ruhig zu werden, was besagt, die Denkvorgänge so weit wie möglich auszuschalten.

Sollte Ihnen das gelingen, dann versuchen Sie, das Bild des Baumes in sich aufzunehmen, was besagt, sich vorzustellen. Lassen Sie das Bild in Ihrem Bewusstsein werden. Bald werden Sie merken, dass Ihnen Kraft zuströmt.

Gerade bei den ersten Übungen heißt es, ruhig bleiben und Gedanken und Wünsche, die Sie bedrängen wollen, abwehren.
Wer bei den Übungen durchhält, wird bald fühlen, dass seine Seele mit dem ätherischen Leben des Baumes in Kommunikation tritt und der Mensch Lebenskraft empfängt, von dem Kollektiv des Baumes.

Wird der Betrachter von seinen Gedanken und Wünschen so gestört, dass das Bild des Baumes schwindet, dann sollte er diese Gedanken und Wunschbilder kommen lassen. Es ist möglich, dass sie eine Botschaft beinhalten.
Botschaften, einerlei woher sie kommen, auch was Gespräche und dergleichen anbelangt, regen zur persönlichen

Betrachtung und zur Selbstanalyse an, um zu ergründen, was zum Beispiel heute zu beheben wäre, was dem Allzumenschlichen, den sündhaften Mustern, zugrunde liegt.

Wir können in unserer Betrachtung auch die Kollektive von Blumen, Sträuchern und Steinen aufnehmen. Das Gleiche gilt bei den Teilseelchen von Tieren und den Lebensstrahlen von Kleinstlebewesen.
In allem ist das unvergängliche Leben, die All-Kraft – ob im Baum, in der Blume, im Gras, im Kornfeld, im Mineral, in jedem Stein und nicht zuletzt in jedem Tier, ob groß oder klein.
Leben ist nun mal lebendig. Leben ist Bewusstsein. Leben ist Kommunikation; es sendet und empfängt.

Mit unserem allmählich still werdenden Bewusstsein wird es uns möglich, die Impulse des Lebens wahrzunehmen.

Das Leben in seiner Vielfalt und Schönheit ist eine einzige Offenbarung des All-Geistes, der kosmischen All-Intelligenz, die wir Menschen im Abendland Gott nennen.
Die Tierwelt, die Natur- und Mineralreiche, alles, was aus Gottes Schöpfung ist, ist im Licht-Äther, dem All-Gesetz.
Wenn der Betrachter von seinen Verhaltensweisen immer wieder gestört wird, durch Gedanken und dergleichen, muss er leider annehmen, dass seine persönliche Kausalität ihm näher ist als der Licht-Äther, das All-Gesetz, das Einheit ist.

Eine kleine Hilfe für den Bewusstseinsstand jedes Menschen:
Wenn wir zum Beispiel etwas sehen, hören oder lesen und das in unserem zentralen Nervensystem einen Widerhall gibt, dann ist eine Botschaft in unserem Bewusstsein angekommen, aus dem, was wir sahen, hörten oder lasen. Das gilt auch für jegliche Geräusche.

Meist geht der Mensch über diese Anzeichen hinweg. Die Botschaft an ihn kommt jedoch aus den tiefen Schichten des kausalen Internets. Die Botschaft kann auch mit einer DVD verglichen werden, die wir ansehen und auf deren Bildern wir uns selbst betrachten, um uns dann selbst zu analysieren.
Wenn wir das, was uns anspricht, erkennen und dies bereuen, bereinigen und

nicht mehr tun, dann erlangen wir Bewusstseinserweiterung.
Alles, aber auch alles will uns etwas sagen. In allem sind wir als Erstes selbst gefragt und nicht der andere. Wir brauchen alle anderen nicht zu beäugen, über ihr Für und Wider zu sprechen – wir, jeder Einzelne, hat mit seinen persönlichen Eingaben in dem kausalen Internet mehr als genug zu tun.

In unseren Bemühungen, dem wahren Leben, Gott, dem All-Gesetz der Liebe, näherzukommen, sind wir nicht allein gelassen. Im Urgrund unserer Seele ist Gott, das Leben, das uns beisteht.
Lassen wir in der Selbstbetrachtung und Selbstfindung unserer persönlichen Kausalitäten nicht nach, um mit Seiner Hilfe zu erkennen, was behoben werden

sollte, und ändern wir unsere Kommunikationsfelder zum Positiven, zum Höheren, dann werden wir uns nach und nach befreien von den Schlacken der allzumenschlichen Selbstverherrlichung. Dadurch entwickeln wir uns hin zur Kommunikation mit dem All-Gesetz der Liebe.

Wir wünschen Ihnen und uns allen die wachsende und werdende Gottes- und Nächstenliebe, den Frieden, den momentan diese Welt so nötig hätte.

## Das ist Mein Wort
## A und Ω
## Das Evangelium Jesu

**Die Christus-Offenbarung, welche inzwischen die wahren Christen in aller Welt kennen**

Diese umfassende Christus-Offenbarung geht weit über den Inhalt der Bibel hinaus. Das große Werk gibt eine Gesamtschau von dem, was war, von dem, was ist - und von dem, was sein wird. Aufbauend auf dem „Evangelium Jesu", einem schon bestehenden, außerbiblischen Evangeliumstext, offenbarte Christus selbst durch Gabriele, die Prophetin und Botschafterin Gottes, Einzelheiten Seiner Inkarnation in Jesus von Nazareth.

1128 S., geb. Inklusive Audio-CD
mit der Originalaufzeichnung eines
Göttlichen Prophetischen Heilens, gegeben durch
Gabriele; außerdem die kurze Autobiographie
von Gabriele, mit Kohlezeichnung.

Best.-Nr. S 007. ISBN 978-3-89201-271-9. **Euro 19,80**

# Die redende All-Einheit

## Das Wort des Universalen Schöpfergeistes

Hatten Sie auch schon immer das Gefühl, dass Sie sich einer höheren Macht, aber keiner Religion verbunden fühlen?

Dieses Buch wird Ihnen den Zugang zu einem neuen Gottesbild ermöglichen. Vom Urknall bis zur Frage, weshalb es Süchte, Morde und Naturkatastrophen gibt, finden Sie Antworten auf die Fragen, die konfessionelle Lehren unbeantwortet lassen. Erfahren Sie, weshalb der respektvolle, liebevolle Umgang mit anderen Lebewesen so wichtig ist und was wir von den Tieren lernen können. Lesen Sie, wie Sie zu einem positiven, erfüllten Leben und schließlich zur All-Einheit des Lebens finden können.

**Dem Buch beigefügt ist eine Audio-CD mit zwei Meditationen aus dem göttlichen Bewusstsein:**

1. **„Es blüht", ein meditativer virtueller Spaziergang**
2. **„Unser wahres Sein", eine meditative kosmische Schau**

396 Seiten, geb., mit zahlreichen Farbfotos

Best.-Nr. S 173. ISBN 978-3-89201-352-5. **Euro 34,90**

## Der Freie Geist
## Gott in uns

Gabriele bringt uns die Freiheit in Gott nahe und zeigt auf, wie jeder Mensch selbst Gotteserfahrungen machen und daraus die Freude und die Gewissheit gewinnen kann: Gott ist in jedem von uns. Gott ist in allen Lebensformen. Gott ist in allem gegenwärtig.

88 S., geb., mit vielen Naturbildern. Best.-Nr. S 179.
ISBN 978-3-89201-390-7. **Euro 12,50**

Gerne übersenden wir Ihnen unseren
umfangreichen Gesamtkatalog aller erhältlichen
Bücher, CDs und DVDs, mit vielen Leseproben;
außerdem Gratis-Broschüren
zu verschiedenen Themen.

Gabriele-Verlag Das Wort GmbH
Max-Braun-Str. 2, 97828 Marktheidenfeld
Tel. 09391/504 135, Fax 09391/504 133
E-Mail: info@gabriele-verlag.de